Eckhard Mieder

Seeräubergeschichten

Illustrationen von Léope

*Der Umwelt zuliebe ist dieses Buch
auf chlorfrei gebleichtem Papier gedruckt.*

ISBN 3-7855-3660-7 – 2. Auflage 2003
© 2000 Loewe Verlag GmbH, Bindlach
Umschlagillustration: Leopé
Reihengestaltung: Angelika Stubner

www.loewe-verlag.de

Inhalt

Das Augenklappenfest

Nach dem Winter
feiern die Piraten
das große Augenklappenfest.
Alle Piraten versammeln sich
auf dem größten Platz der Insel.
Es gibt Erdbeerlimonade
und Hai-Pizza.
Die Gruppe *Die Pinguine*
spielt ihre neuesten Lieder.

Viele Wettkämpfe finden statt.

Zum Beispiel Hochspringen im Sack

oder Tauziehen mit Aalen

und Weitwerfen von Heringen.

Dabei kann jeder Pirat

eine Menge Preise gewinnen.

Zum Beispiel funkelnde Seesterne
oder geschnitzte Bootsplanken
und Piratenpuppen aus Segeltuch.
Der Höhepunkt des Festes
ist die Verleihung
der Goldenen Augenklappe.
Sie wird dem Piraten verliehen,
der sich im letzten Jahr
besonders piratig verhalten hat.

Einmal kriegte sie

der Gescheite Bernd.

Er war auf die Idee gekommen,

die Schiffe mit blauer Farbe anzupinseln.

So passten sie sich

der Farbe des Meeres an

und konnten erst spät entdeckt werden.

12

Ein anderes Mal erhielt sie
der Starke Fred.
In einem sehr heißen Sommer
war das Meer ausgetrocknet.
Fred trug die Schiffe
zu einem anderen Meer.
Es gibt ja genug Meere.

Die Goldene Augenklappe
bekommt diesmal
der Dicke Willi.

Er hat sich
in der letzten Seeschlacht
in ein Loch gestopft
und damit verhindert,
dass das Schiff unterging.
„Hoch lebe der Dicke Willi!"

14

Klara kämmt Piraten

Klara arbeitet
im Friseursalon *Zur Flut*.
Sie kämmt und rasiert
die Piraten.
An vielen Tagen
hat sie nichts zu tun.

„Diese dreckigen Piraten!",
schimpft Klara herum.
„Sie haben vergessen,
was sie einst lernten.
Jeder Pirat muss
auf sein Äußeres achten."
Klara wartet in ihrem Salon.
Sie schaut in die Spiegel.
Sie wischt die Becken aus.

16

Sie knipst einen Fön an und aus.

Kein Pirat kommt.

„Dann gehe ich eben zu ihnen!",

sagt Klara zu sich selbst.

Sie packt eine Tasche voll

mit Salben und Kämmen,

mit Bürsten und Schwämmen.

Klara geht von Pirat zu Pirat

und lässt sich nicht abwimmeln.

Einen Seeräuber rasiert sie.

Einem schneidet sie das Haar.

Dem anderen die Fingernägel.

Einem sogar die Haare in der Nase.

Und in den Ohren.
„Fertig!",
sagt Klara
und schaut sich um.
Auf der Seeräuberinsel
laufen nur noch
saubere Piraten herum.

„Juchhu!", ruft Klara.

Sie tanzt durch den Salon

und singt immerzu:

„Saubre Nägel, pralle Segel,

kurzes Haar, die Anker klar!"

Klara macht einen Tee

für sich und ihre Freundin Mara

und ist sehr zufrieden.

„Ab heute",
sagt Klara zu Mara,
„nimmt jeder Pirat
einen Kamm mit aufs Meer.
Und eine Flasche Shampoo.
Wasser brauchen sie nicht.
Davon gibt es genug im Meer!"

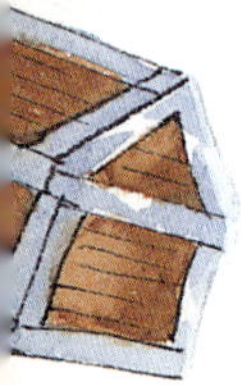

Die vergessene Schatzkiste

„Wo ist meine Schatzkiste?",

ruft der Pirat Bastian

und rennt

quer über die Insel.

Er guckt unter Steine,

steigt auf Bäume

und taucht seinen Kopf

sogar in einen Bach.

„Du musst doch wissen",
sagen die anderen Piraten,
„wo du deine Schatzkiste
versteckt hast!"

Sie schütteln ihre Köpfe.
Ein Pirat kam
seinen Namen vergessen
oder die Abfahrt eines Schiffes
oder den eigenen Geburtstag.
Aber niemals
das Versteck seiner Beute.

Denn die Schatzkiste

eines Piraten

ist seine Sparkasse.

„Ganz ruhig!",

sagt Bastian.

Er setzt sich

auf ein ausgestopftes Krokodil.

24

„Gestern",

überlegt Bastian,

„habe ich auf der Fahrt

drei Schallplatten,

vier goldene Löffel

und fünf Knallfrösche erbeutet.

Ich bin von Bord gegangen ..."

In Gedanken

läuft Bastian noch mal

die Wege von gestern ab:

Er war vom Strand losgelaufen.

Dann kam er ins Dorf,

sah kurz in sein Haus

und rannte noch mal in den Wald ...

„Beim Heiligen Klabautermann!",
ruft Bastian plötzlich.
Er schlägt sich
mit der rechten Hand
so heftig gegen die Stirn,
dass er
vom Kopf des Krokodils kippt.

„Hier ist sie doch!"
Genau da steckt sie:
im Kopf des Krokodils!

„Manchmal", ruft Bastian
voller Freude,
„ist mein Hintern
schlauer als mein Kopf!"

28

Stanislaus hat Sehnsucht

Dem kleinen Stanislaus
fallen seit Tagen
die Haare aus.
„Bist du krank?",
fragt seine Mutter.
Stanislaus schüttelt den Kopf.

Er spricht nicht mehr.

Er isst nicht mehr.

Er kann nicht mal mehr lachen.

Wenn das so weitergeht,

hat Stanislaus morgen

nur noch eine Locke

auf der Glatze.

Die Mutter fragt die Oma:

„Was ist bloß mit Stani los?"

Die Oma vom Stanislaus

wiegt ihren Kopf.

„Hat er Läuse?", fragt sie.
Die Mutter vom Stanislaus
ist empört.
„Wir sind doch
keine schmutzige Familie!"

Die Oma erwidert:
„Ich kenne Piraten,
die haben sich
zehn Jahre lang
nicht gewaschen!"

Stanislaus' Mutter ruft:
„Pfui Spinne!"
Die Oma denkt nach.

Sie zieht dabei an ihrer Nase,
bis die so lang ist
wie vier Piratenoma-Nasen.
„Ich hab's!", ruft sie.
Sie springt auf
und bleibt mit der Nase
an einem Henkeltopf hängen.

Mit dem tanzt sie
durch die Küche und schreit:
„Unser Stani hat Sehnsucht!"
„Wonach denn?",
fragt die Mutter.
„Nach seinem Piratenvater!
Ist doch klar!", trällert die Oma.

„Der ist doch schon seit Wochen
auf den sieben Meeren unterwegs!"
Die Oma hat Recht.
Als der Vater heimkehrt,
fängt das Haar vom Stanislaus
wieder zu wachsen an.
Bald hat er einen Zopf,
mit dem er angeln kann.

Neu an Bord

Alfons ist neu an Bord.
„Wo kommst du her?",
fragen die Kameraden.
„Aus der Stadt."
„Was warst du da?",
fragen die Piraten.

„Schneider!",
sagt Alfons.
„Hohoho!",
lachen die Seeräuber an Bord.

„Dann wirst du wohl",
spotten sie,
„mit der Nadel fechten
und mit Knöpfen schießen!"
Alfons denkt sich:
„Ihr werdet schon sehen,
wofür ihr mich braucht."

Dann beginnt
eine Piratenschlacht.
Kanonen krachen.
Planken fliegen
durch die Luft.
Alfons verdrückt sich
unter Deck zum Koch.

„Warum kämpfen die?",

fragt Alfons den Koch.

„Wir sind Piraten!",

sagt der Koch.

Legt seinen längsten Löffel

wie ein Gewehr an: „Peng!"

Alfons erschrickt.

Dann ist der Kampf vorbei.

Die Piraten haben Hunger.

„Koch!", rufen sie.

„Bring uns was zu essen!"

Alfons klettert vorsichtig an Deck.

Welch ein Jammer!

Das Schiff hat überall Löcher,

und die Segel sind zerfetzt.

Alfons hat eine Idee.
Während die Piraten essen,
lässt er seine Nadel flitzen.
Als die Piraten satt
und zufrieden sind,
staunen sie:
Die Segel des Schiffs
sind geflickt.

Und die Löcher in den Planken
sind gestopft.
Die Seeräuber rufen:
„Hoch lebe der Schneider!"
Und sie trinken
ein Fass Tunfischlimonade
auf Alfons' Wohl.

Warum Piraten Nudeln lieben

Jeder Pirat liebt Nudeln.

Denn Nudeln schmecken

piratig lecker.

Nudeln kann der Koch

auch bei Sturm kochen.

Aber es gibt
noch bessere Gründe:
Mit Fadennudeln stopfen
die Mütter
die Hosen
der wildesten Piraten.

Die Piraten-Mädchen tragen
bunte Nudeln um den Hals
oder als Ohrring.

Die Piraten-Knaben werfen
mit spitzen Makkaronis
nach Zielscheiben.
„Zack! Volltreffer!"
„Ojeeee! Daneben!"

Dann gibt es Nudeln
wie Fernrohre zum Himmel-Erkunden.
Und Nudeln wie Bohrer.
Die können sehr nützlich sein,
um ein Loch
für einen Haken zu bohren.

44

An diesen Haken
können die wildesten Piraten-Bilder
aufgehängt werden.
Manche Piraten bohren
mit solchen Nudeln
auch in ihren Nasen.
Pfui!

Außerdem gibt es breite Nudeln,
mit denen man rudern kann.

Es gibt runde Nudeln,

mit denen man

Nudel-Ball spielen kann.

Die Piraten

könnten ohne Nudeln

einfach nicht leben.

Aber am liebsten sind ihnen

die Nudeln im Topf.

Wenn der Koch am Abend ruft:
„Kommt futtern, Nudelpiraten!",
dann sind alle Piraten selig.
„Mmmh!", klingt's im Chor.
„Spagetti mit Tomatensoße!"
Selbst den Piraten-Pudeln
schmecken diese Nudeln!

Seeräuber sind nicht alle gleich

Nicht jeder Seeräuber kann

schießen oder fechten.

Manche Piraten fürchten sich

vor Gewitter,

vor der Nacht

oder auch vor dem Wasser.

Es gibt sogar einen,

der zittert schon,

wenn jemand zu ihm sagt:

„Du Pirat, du böser!"

Für diese anderen Piraten
steht am Strand ein Haus,
in dem sie machen können,
was sie wollen.

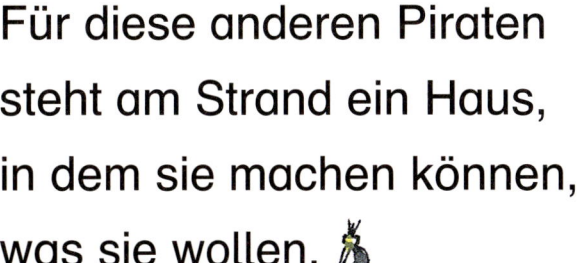

Sie liegen im Strandkorb.
Sie schlürfen bunte Getränke.
Sie lesen bunte Bücher.

Oder sie werfen Pfeile.
Die Zielscheibe hängt
am Ast einer Palme
und ist schwer zu treffen.
Weil der Wind weht.

„So ein faules Leben
wäre nichts für mich!",
sagen die meisten Seeräuber,
die lieber aufs Meer fahren.

Denn auf dem Meer
gibt es Stürme
und riesige Wellen,
die ein ganzes Schiff
verschlingen können.

„Wir brauchen
Wind um die Nase
und abends
eine Flasche Klabauterbrause!"

Die Meerespiraten
finden die Strandpiraten
ein bisschen langweilig.
Die Strandpiraten
finden die Meerespiraten
ziemlich mutig.

Und wenn die einen
von ihren Abenteuern erzählen,
spendieren die anderen
gern ein Glas Korallensaft.
Niemand ist wirklich
auf den anderen
neidisch oder böse.
Ist echt piratig.

Winter auf der Pirateninsel

Auf der Insel der Piraten

ist es im Winter sehr still.

Überall liegt Schnee.

Der Schnee bedeckt

die ganze Insel.

Er liegt haushoch

und noch höher.

Und im Eis
liegen die Schiffe
wie Fischstäbchen
in der Kühltruhe.
Finster ist das.
Und dunkel!
Die Piraten bauen
Straßen und Tunnel
unter dem Schnee.

„Eis ahoi!",

sagt ein Pirat,

wenn er einen anderen trifft.

„Schnee ahoi!",

grüßt der andere Pirat zurück.

Dann graben sie weiter.

Sie feiern nicht.

Sie fahren nicht aufs Meer hinaus.

Die Piraten sind im Winter
wie Maulwürfe.
Manchen Piraten
wachsen sogar
Schaufeln an den Händen!
Plötzlich lärmt
der Frühling los.
Artur, der Piratentrommler,
kommt als Erster
zum Vorschein.

Er setzt sich
auf das Dach
seines Hauses
und trommelt
und singt:
„Werft weg die Schaufeln,
werft weg die Spaten.

Kommt aus dem Tunnel
und seid wieder Piraten!"
Mit wilden Schreien
springen die Piraten
aus dem Schnee.
Wie die Delfine
aus dem Wasser.

Und dann tanzen
und singen sie:
„Nur der ist ein Pirat,
der ein Schiff hat,
mit einem Segel dran,
damit er segeln kann ..."

Eckhard Mieder wurde 1953 in Dessau geboren. Weil er neugierig war, wurde er Journalist, arbeitete bei einem Jugendmagazin und drehte kurze Filme fürs Fernsehen. 1986 machte er sich als Schriftsteller selbstständig. Seitdem schreibt er Hörspiele, Drehbücher und Geschichten für Kinder, Jugendliche und Erwachsene. Heute lebt er mit seiner Frau und seiner jüngsten Tochter in Berlin am Rande eines Waldes und unweit des Flusses Spree.

Leopé erblickte 1960 in Heilbronn das Licht der Welt. Sobald er Stifte halten konnte, bemalte er alles, was ihm zwischen die Finger kam: zuerst Servietten, Briefumschläge und Telefonbücher, später Zeitungen und seine Schulhefte. Deshalb studierte er in Stuttgart Grafik-Design. Anschließend machte er eine Ausbildung zum Erzieher. Während dieser Zeit schrieb er viele Kinderlieder und zeichnete sein erstes Bilderbuch. Leopé lebt in Berlin und veröffentlicht seit 1995 Bilder- und Kinderbücher.